美育实践丛书

美育实践活动手册

第一册

深圳市龙华区民治中学教育集团　编

暨南大学出版社
JINAN UNIVERSITY PRESS

中国·广州

图书在版编目（CIP）数据

美育实践活动手册. 第一册 / 深圳市龙华区民治中学教育集团编. -- 广州：暨南大学出版社，2024. 11. （美育实践丛书）. -- ISBN 978-7-5668-4061-5

Ⅰ. G624.703

中国国家版本馆 CIP 数据核字第 20246EF883 号

美育实践活动手册（第一册）

MEIYU SHIJIAN HUODONG SHOUCE（DI-YI CE）

编　者：深圳市龙华区民治中学教育集团

出 版 人：阳　翼

策　　划：周玉宏　武艳飞

责任编辑：刘　蓓

责任校对：黄　斯

责任印制：周一丹　郑玉婷

出版发行：暨南大学出版社（511434）

电　　话：总编室（8620）31105261

　　　　　营销部（8620）37331682　37331689

传　　真：（8620）31105289（办公室）　37331684（营销部）

网　　址：http：//www.jnupress.com

排　　版：广州良弓广告有限公司

印　　刷：广州市金骏彩色印务有限公司

开　　本：787 mm × 1092 mm　1/16

印　　张：5.75

字　　数：120 千

版　　次：2024 年 11 月第 1 版

印　　次：2024 年 11 月第 1 次

定　　价：30.00 元

总 序

小小少儿郎，
背起书包上学堂。
花儿笑，
鸟儿唱，
夸我读书忙。

一首简短的儿歌，唤起我们多少美好的回忆，激起我们多少动情的联想。

在绿树成荫、花香四溢的校园里，和老师同学们一起读好书，那是多么幸福的时光。

好书是生活的伴侣，是攀登的阶梯，是前行的灯塔。

读好书，好读书，是人生一种美好的享受。

读书有三条路径，三条路径通向三重境界。

第一条，读纸面的书，读网络的书。

第二条，读社会的大书，读人生的大书。

第三条，用眼、用心、用行动，去审读，去体悟，去品鉴，去实践，去升华，去创造一本精美的人生之书。

这本书，有字无字，有声无声，有形无形，有涯无涯。它奥妙无穷，浩瀚无垠，囊括天地、宇宙、人生、过去、现在、未来，它是一本无与伦比的绝妙好书。

三条路径，三重境界，都指向美好的人生。我们提倡知行，并超越第一、二重境界，实践并飞渡第三重境界。那是一个美心、美德、美行、美我、美人、美众的大美境界。

你手中的这套"美育实践丛书"，就是引导我们进入第三重境界的新书、好书、奇妙之书。

这套"美育实践丛书"，核心是"美育"，关键是"实践"。"美育"强调"三自"：自主、自觉、自动地拥抱美；"实践"要求"三实"：扎实、踏实、真实地践行美。在实践中自我培育美感，在生活中共同参与审美，在一生中自觉实践、创造美好。通过实践，一起发现美、感知美、鉴赏美、升华美、创造美，一同达到美育活动的全新境界。

美在读书中，美在行动中，美在我们心中、手中，在我们日常的一言一行中，在我们人生不懈的追求中。美浸染着我们的生活，滋润着我们的心灵，塑造着我们的人格。实践吧！美，就是你、我、他，就是人生、社会、世界大家庭，就是人类大同，就是人类命运共同体。让我们以美为桥梁、为纽带，连接彼此，以美培元、以美润心、以美育德、以美启智，共同编织一个和谐而充满希望的明天！

2024 年 8 月

CONTENTS

目 录

01 ｜ 总　序

01 ｜ 科技美　水果变身记

11 ｜ 自然美　大树的手掌

23 ｜ 人文美　得闲饮早茶

33 ｜ 自然美　绚丽簕杜鹃

43 ｜ 科技美　神奇的水培

55 ｜ 人文美　收纳小能手

63 ｜ 艺术美　有趣的童谣

73 ｜ 艺术美　缤纷万花筒

83 ｜ 后　记

水果变身记

水果变变变，生活更灿烂

鹏鹏，"日啖（dàn）荔枝三百颗，不辞长作岭南人"，写的不正是我们岭南荔枝吗？

是的，荔枝口感清甜，深受大家喜爱。可古时候，荔枝因为不易储存，是水果中的"奢侈品"。

相传，唐代的杨贵妃特别爱吃荔枝。荔枝产于岭南，而杨贵妃身居都城长安。从岭南到长安，路途遥远，如何让荔枝在运输过程中保持新鲜呢？

古人想了很多办法。他们在荔枝快成熟的时候，把荔枝树转植到大木盆子里，连盆带树搬到船上走水路运输，再从港口转到陆路，快马加鞭运到长安。

可真是"一骑红尘妃子笑，无人知是荔枝来"啊！

小朋友，水果有丰富的颜色。葡萄的颜色是葡萄紫，那么其他水果的颜色是什么名字，请你写在下方的水果彩虹上吧！

番茄红

同一家族的水果，颜色也会不一样哦！你都发现了什么颜色？

水果给自己穿上色彩艳丽的外衣，以吸引不同的动物帮忙传播种子。

小朋友，草莓是怎么长大的？
它由花到果、由绿到红，天天
都在变化，多么有趣啊！

变颜色

青绿→白色→

＿＿

变大小

小 → 中 →

＿＿＿

变状态

苗 → 花 →

＿＿＿

为了小草莓的健康成长，你需要做哪些事情呢？

在水果的成长过程中，温度、时间、浇水
量都需要在科学方法的指导下控制，少不了我
们的悉心照顾。

水果之美

除了丰富的色彩，你发现水果还有哪些美？

尝起来

甘甜、脆爽

看起来

闻起来

摸起来

利用科学技术，我们还可以改变水果的外形和颜色。

方形西瓜

牛奶草莓

人类利用自己的勤劳和智慧，改进水果的口感和外形，让水果的颜色更多元，口感更诱人，形状更奇特。这是劳动人民智慧的体现。

赋枣（节选）

（宋）王安石

种桃昔所传，种枣予所欲。
在实为美果，论材又良木。

从古至今，水果是我们的好伙伴，我们一起来赞扬它。

枣不仅果实味美，而且枣树木材品质很好。

枣，是最古老的水果之一，原产于我国，和桃、李、栗、杏合称为"五果"。历经千年，为什么枣那么受欢迎呢？

含有很多维生素和微量元素

果实和果核可以入药

今天，水果已经不再是"奢侈品"，而是成为走亲访友的送礼佳品，是人类表达爱的方式。

水果从种子到果实需要经历春华秋实，日晒雨淋，是大自然的馈赠。人类可以用自己的勤劳和智慧，对水果进行各种加工，留住果实的甜美，也可以借水果之名，为他人送上一份关心和祝福。

想一想，水果里藏着哪些祝福呢？

送上关爱

送上健康

送上____

送上____

创造美

在勤劳智慧的人类手中，枣还进行了很多变身呢，你们知道都是怎么变的吗？

变

减少水分 → 干

焖煮打浆 → 酱

你觉得枣还能变成什么样子呢？

　　枣的营养和味道，让它的吃法多种多样，人们想尽各种办法，留住它的味道和营养。从以上枣的变身中，你能看出劳动人民的哪些品格呢？

珍惜果实　　劳动创造　　热爱生活　　_____

甜滋滋的果酱配上面包，开启愉快的一天。小朋友，我们一起来学做草莓果酱吧！

1. 洗净切丁。

2. 加糖腌渍。

3. 煮沸搅碎。

4. 分瓶装罐。

制作草莓酱的过程中，我们应该培养哪些品质呢？

耐　心　　　细　心　　　❤　❤

这些品质在我们动手过程中，可都是非常重要的。

数字化美育实践基地

在科技的帮助下，水果的形态还有很多，在感受水果鲜美的同时，别忘了记录水果变身背后的爱意！

美美

今天和爸爸妈妈一起做了一份果酱，太开心了！

回复：

回复：

回复：

记得把你的作品上传至数字化美育实践基地，让大家一起来欣赏吧！

大树的手掌

一片片树叶，滋养万千生灵

鹏鹏，校园里的大树一年四季立在那里，也不吃东西，它是如何存活的呢？

美美，那是因为有大树的根和叶，树靠根长，根靠叶养，大树生长全靠它们！我们先去研究一下叶子吧！

我是一片叶子，
长在高高的树上，
和我的兄弟姐妹们，
为大树提供生长的营养……

在不同的生态环境中，叶子的形状千姿百态！

针形

掌形

椭圆形

形　态　美

圆形

扇形

心形

树叶形态还有很多，你发现了吗？赶快找找，尝试画出它们的形状吧！

叶子几乎都含有叶绿素，叶绿素是绿色的，是隐藏在叶子中的化学物质。当秋天到来时，叶子所含的叶绿素就会减少，树叶的颜色也会发生改变。

叶子的颜色真是绚丽缤纷啊！

色 彩 美

叶子真是缤纷多彩，你还发现了什么颜色的树叶？快记录下来吧！

秋天的树叶
金灿灿的

感知美

不同植物的叶子摸起来手感都不一样呢！

我们一起去花园里找一些不同的树叶，摸一摸吧！

有齿/没齿

粗糙/光滑

有绒毛/无绒毛

我找到的叶子摸起来边缘<u>没齿</u>，厚度薄，表面<u>有绒毛</u>。

我找到的叶子摸起来边缘＿＿＿＿＿＿，厚度＿＿＿＿＿＿，表面＿＿＿＿＿＿。

我想闻一闻这些叶子是什么味道！

我闻到的味道是<u>淡淡的清香</u>。

我闻到的味道是_____。

　　有的树木有自我保护机制，有可能自身带有有毒物质，请记住，我们在寻找自己喜欢的树叶时，一定要有大人陪同哦！

叶绿素的改变会引起叶子颜色的变化，收集不同颜色的树叶，可以做出很多好看的作品呢！

站在大树下，呼吸的空气都是清新的，真是沁人心脾啊！

树叶是大树的主要器官，也是大树进行光合作用的主要部位。在阳光的照射下，它吸收二氧化碳和水分，在光能和叶绿体的作用下，转换成有机物并释放氧气，滋养大树的成长。

原来树叶有这么多作用，树叶对大树来说太重要了！

金井梧桐秋叶黄，珠帘不卷夜来霜。

熏笼玉枕无颜色，卧听南宫清漏长。

——（唐）王昌龄《长信秋词》

远上寒山石径斜，白云生处有人家。

停车坐爱枫林晚，霜叶红于二月花。

——（唐）杜牧《山行》

叶，落在画里

小朋友，请用树叶粘贴一幅画吧！

叶子的一生平凡而又伟大！

绿叶衬红花，叶子的光合作用为大树生长提供能量，为自然释放氧气；落叶为大地提供养分……

己亥杂诗（其五）

（清）龚自珍

浩荡离愁白日斜，吟鞭东指即天涯。

落红不是无情物，化作春泥更护花。

"落红"指代落花、落叶，但在这首诗里被用来比喻生命在结束之后，仍能以另一种形式继续存在，为新的生命提供养分。这是一种对生命循环和自然法则的颂扬。

小小的叶子作用可真大！

药用

食用

饮用

叶子的作用

施肥

抗菌

保健

想一想，叶子还有哪些作用呢？

叶脉就像人的掌纹，每片叶子的叶脉都是独一无二的！

　　叶脉的分布样式可分为叉状脉、网状脉、平行脉，它们粗细各不相同，一方面为叶子提供养分，进行光合作用，另一方面支撑起叶片，使叶子能够舒展开来。

小朋友，你知道吗，利用叶脉可以创作漂亮的叶脉画呢！

拿起彩色蜡笔，拓印一幅美丽的叶脉画吧！

1.准备一张白纸和蜡笔。

2.找一片你喜欢的树叶。

3.将白纸放在树叶上，用蜡笔涂。

4.树叶的脉络就被画在纸上了。

我的叶脉画

数字化美育实践基地

叶子的多样性是植物适应不同生态环境的结果，也是自然界中一个迷人的现象。

寻找身边常见的叶子，根据它们的种类、形状、色彩，尝试做一个关于叶子的科普小视频。

叶的种类	叶的形状	叶的色彩
单叶	椭圆形	绿色
复叶	心形	黄色
针叶	圆形	红色
鳞叶	掌状	橙色
肉质叶	羽状	棕色
……	……	……

将你制作好的叶子科普小视频上传到数字化美育实践基地吧！

得闲饮早茶

感受特色饮食，浸润餐桌礼仪

> 鹏鹏，明天我要和爷爷奶奶一起去吃广式早茶！

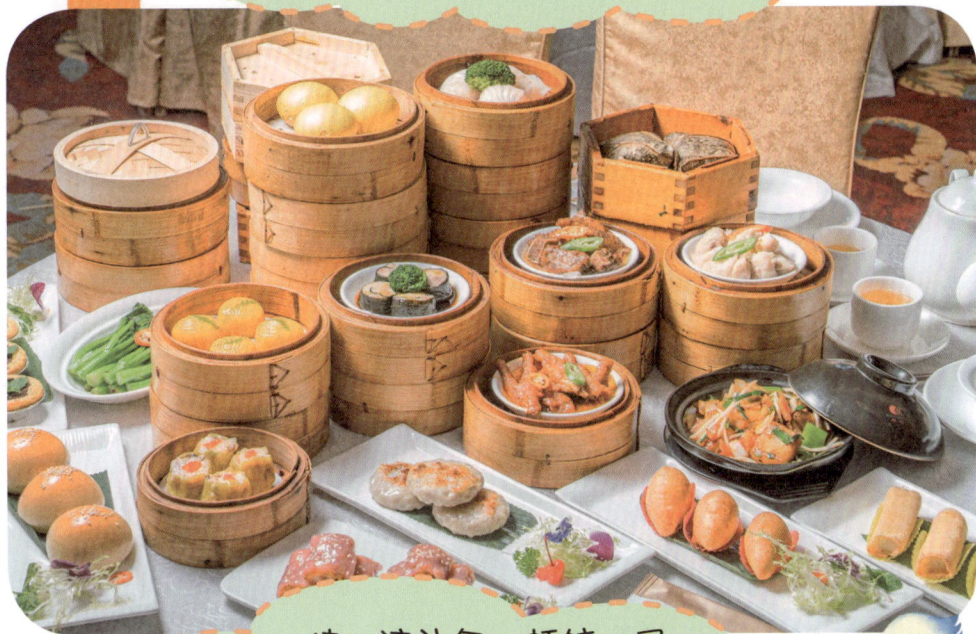

> 哇，流沙包、虾饺、凤爪……美美，我也想吃早茶点心了！

茶水
乌龙茶
罗汉果茶
茉莉花茶
……

茶点
糯米鸡
艇仔粥
红米肠
……

哇，茶楼里有好多漂亮的茶点啊！有的憨态可掬，有的优雅精致，真是形态各异！

形 之 美

这些茶点真漂亮！快来说说它们的美吧！

_____的颜色　　_____的形状

_____的样式　　_____的摆盘

鹏鹏，茶点有甜有咸，有软有硬，你最喜欢哪一道？

我喜欢外酥里嫩的菠萝包，外面烤得香脆，里面松软，特别好吃！

你最喜欢的茶点是什么？在右边画一画，再说说你喜欢它的理由。

我喜欢_____，它的口味_____，我为它点赞！

各式早茶大不同

广式早茶

广式早茶最为出名的是各式点心，有虾饺、烧卖、凤爪、牛仔骨、叉烧包等，食材丰富，口味多样。

广式早茶很有名，但其他地方也有早茶哦！不同地区的早茶有着不一样的美味。

地处丝绸之路上的宁夏吴忠是西北早茶的代表地，这里的早茶以八宝茶配羊杂汤、油饼、麻花等各种面食为主，风格粗犷，气味浓郁，堪称一绝。

吴忠早茶

扬州早茶

烫干丝是扬州早茶的标配。烫干丝一定要用扬州大白豆腐干切成，粗细均匀。吃烫干丝要一筷子夹起一大簇送入口中，再喝一口绿茶，二者搭配，相得益彰。

你还知道哪些地方的特色早茶？与大家一起分享吧！

鉴赏美

《饮早茶》（节选）

（岭南童谣）

朝朝早，饮早茶，

杯中畅聚好潇洒。

虾饺烧卖叹番两件，

吃完再要碟萨其马。

早茶袅袅上升的水蒸气，飘溢的是茶香，传递的是愉悦和幸福。茶楼承载着广东人崇尚务实、平等、自由的传统精神。早茶文化影响了一代又一代的广东人，广东人又将早茶文化传至中国香港、澳门，乃至世界各地。

广东的老字号茶楼已经有一百多年历史，现在仍保留着传统特色！

寻古味

古味体现在木招牌，因为以前的商铺常用它。

古味体现在_____，因为它在中国传统文化里寓意蒸蒸日上。

古味体现在_____，
因为_____。

古味体现在_____，
因为_____。

食物往往承载着地方记忆，是作家情感的专属领地，看看作家们是怎么把美食写出情味的。

椭圆的盘子，中间放上如羊脂玉般的肠粉，再配上一两根碧绿如翠的芥蓝菜，简直如同白玉和翡翠相配的工艺品。

——赵珩《早茶、早点种种》中的肠粉

他到桥头吃了碗老豆腐：醋，酱油，花椒油，韭菜末，被热的雪白的豆腐一烫，发出点顶香美的味儿。

——老舍《骆驼祥子》中的豆腐

桂林米粉还真充满了无敌的诱惑。尤其是干捞粉，米粉圆而润滑，肥而油亮，口感鲜嫩而又韧性。

——白先勇《少小离家老大回：我的寻根记》中的米粉

慢慢品早茶，是多么舒适的一种生活方式啊！人们爱和亲戚、朋友一起吃早茶，享受生活。

人和，情真，茶更香。下面这些问题，你平时注意到了吗？

小思考1

和家人一起吃早茶，可以玩手机吗？

小思考2

吃早茶时，应该怎样对长辈呢？

小思考3

倒茶时，有什么需要注意的地方呢？

哇，看了这么多漂亮的茶点，我也想做小厨师了！我要用软陶泥，捏出美味佳肴！

快来看看班级早茶铺中，谁的作品最受欢迎！

班级早茶铺

茶点名称	制作过程	成品展示
"福"字包	1. 选择各种颜色的软陶泥。 2. 把软陶泥擀成圆形。 3. 自下而上包起陶泥，上方闭拢，捏出花瓣型褶皱。 4. 装饰"福"字包。	

数字化美育实践基地

我们吃早茶，不仅要感受茶点的色泽之美、形态之美，还要学会爱亲敬长，在享受美食中传承中华美德。

你去吃早茶了吗？你是否发现了烟火气里的幸福时光？请你拍摄温馨的早茶时光，与大家分享吧！

我的早茶时光

绚丽簕杜鹃

观花、赏花、品花、悟花，知生命绽放之美

鹏鹏，深圳街边的花一年四季都开得好热闹啊！你知道是什么花吗？

我知道，这是簕（lè）杜鹃，是深圳的市花呢！

　　每个来到深圳的人，都会被这满城竞放、火红一片的鲜花所惊艳。街边、绿化带、公园、小区、住户阳台上……到处都盛开着美丽的簕杜鹃。

鹏鹏，簕杜鹃五颜六色的花瓣可真好看呀！

哈哈，你错了，美美！你所说的花瓣其实是簕杜鹃的萼片，中间淡黄色的小花才是簕杜鹃真正的花朵呢，快仔细看看吧！

我明白啦，鹏鹏。用心才能发现美！簕杜鹃花朵虽小，却在各个角落盛放，别有一番美感呢！

苔花如米小，也学牡丹开。

——（清）袁枚《苔》

看了簕杜鹃真正的花朵，你有什么感受？

你觉得簕杜鹃的花朵美在哪儿？（颜色、形状……）

感知美

一年四季盛开的簕杜鹃，需要我们调动感官，用心感受它的美。

簕杜鹃有很多个名字。它小小的花朵犹如梅花，惹人喜爱，萼片又呈三角形，颜色艳丽，因此人们也叫它三角梅，这是簕杜鹃知名度最高的俗称。除此之外，簕杜鹃还有光叶子花、三角花、叶子梅、九重葛等别名。

我能感受到箖杜鹃不同的美，完成箖杜鹃"花历"。

填完和同学们一起交流分享吧！

颜色美
红色像火焰
白色像____
____像____

气味美
无味的淡雅美
……

形状美
三角形的萼片、
____的小花、
____的____

箖杜鹃一团团、一簇簇，
也很美……
____美

我还喜欢箖杜鹃的……
____美

花艳

花期长

......

花多

......

深圳气候温暖，鲜花种类很多，为什么选簕杜鹃作为市花呢？

花是城市形象美的重要标志，更是现代城市的一张名片。簕杜鹃生命力旺盛、热情奔放，它坚韧不拔、顽强奋进的品质与深圳精神契合，体现了深圳的活力，所以会成为深圳市花。

深圳街头随处可见簕杜鹃，它成为市花实至名归啊！

日光岩下的三角梅
（节选）

舒婷

诗人舒婷也写过诗歌颂簕杜鹃呢！

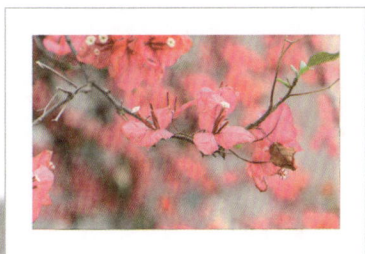

不拘墙头、路旁，
无论草坡、石隙，
只要阳光常年有，
春夏秋冬，
都是你的花期。

城市：<u>深圳</u>
市花：<u>簕杜鹃</u>
花语：<u>热烈奔放、坚韧不拔、生命力顽强。</u>
当选理由：<u>体现了深圳的活力，代表了深圳精神。</u>

城市：_____
市花：_____
花语：_____
_____
当选理由：_____
_____

　　一朵簕杜鹃绽放是渺小的，无数朵簕杜鹃盛放却能带给我们震撼的美感，这是"团结"的魅力，也是无数生命绽放自我的魅力。走进自然，你会发现有许多花，单看毫不起眼，众看春色满园，它们都拥有这样绚烂的生命之美。

　　这些小小花朵的绽放，让我感受到生命的力量是无穷无尽的！

如果你在深圳生活，一定也看过缤纷的花展，见过美丽的簕杜鹃。用照片或者画笔记录下你眼中最美的簕杜鹃吧！

我眼中的簕杜鹃

小朋友们，赏花的时候别忘了爱花、护花哦，让我们一起做美丽的"护花使者"，成为文明小游客吧！

数字化美育实践基地

小朋友们，走进自然，你一定拍了不少美丽的花朵照片，我们一起利用手机，制作成一本电子相册，并上传到数字化美育实践基地吧！！

制作步骤：①拍照 → ②选择照片 → ③开始制作 → ④导出相册

我的电子相册

神奇的水培

逛花市、游公园、看基地，感受水培之美

过年啦，过年啦！花市的花又多又美！

为什么要把植物种在水里呢？

你发现了吗？这些植物有的长在土里，有的长在水里。

睡莲

睡莲是水生植物，生活在池沼、湖泊中，需要用水栽培。

白掌

风信子

白掌和风信子是既能长在水里，又能长在土里的草本植物。

我更喜欢水培，这样既能看到它的花，又能看到它的根，多美呀！

逛了一圈花市，我最喜欢的是水仙！它太美了！

花

它的花瓣像＿＿＿＿＿＿＿

它的花蕊像＿＿＿＿＿＿＿

它的＿＿＿＿＿＿＿

叶

它的颜色＿＿＿＿＿＿＿

它的形状＿＿＿＿＿＿＿

它的姿态＿＿＿＿＿＿＿

它的＿＿＿＿＿＿＿

根

它的颜色＿＿＿＿＿＿＿

它的形状＿＿＿＿＿＿＿

它的＿＿＿＿＿＿＿

水仙花的叶子有毒，小朋友不要误食哦！

只需一盆清水，水仙花就能长得这么美！

感知美

找一找

在公园中找找看，还有哪些植物生长在水里？

在我们看不到的水下的淤泥里，还藏着……

我还找到了_____

其实最早在1700多年前晋代嵇含所撰的《南方草木状》中就出现与水培植物相关的记载了。

书中记载，南方人发现，如果编芦苇做筏，在筏上留小孔，并把种子放在里面，将筏浮在水面上，就可以看到种子生根发芽，茎叶都从芦苇筏子的孔中长出来。

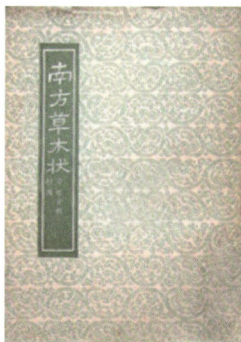

墙壁上的青苔是属于水培还是土培呢?

看一看

观察你找到的水培植物，例如：

我找到了荷花。

它们有的含苞待放，有的蓓蕾初绽，有的花开正盛……

荷花的叶子，

是露珠的＿＿＿＿＿＿；

是蜻蜓的＿＿＿＿＿＿；

是我们的＿＿＿＿＿＿。

小朋友，认识了水培植物的观赏作用后，想一想，水培技术对我们的生活有什么作用呢？

一起到水培基地看看吧！

水培基地是以水培育花卉、蔬菜等植物的专业基地。它通过循环利用水和营养液，减少水资源的消耗和土地的占用，极大地减少了资源的浪费，符合绿色、环保的生态理念。

小朋友，你在水培基地有什么新发现？有什么感受呢？

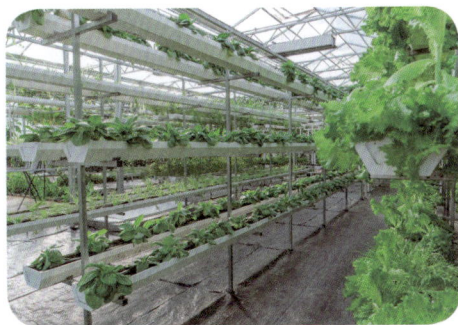

多层种植
更省空间

营养液栽培
产量更高
品质更好

机器操控
精准控制

更重要的是，由于越来越多的土壤受到污染，水培技术的应用保证了每个地区的居民都能吃上绿色、无污染的蔬菜。

水培技术也太了不起了！

水培技术给我们的生活带来了哪些好处呢?

科技美

水培技术的运用让人们不管在什么地方居住，都能吃上绿色、新鲜的蔬菜，还能……

辛勤的科学家们，谢谢你们！我也要向你们学习！

自然美

水培植物种植简单，外观美丽。在书桌前放几盆水培植物，既能净化空气，又能放松心情，还能……

水培植物离不开水，那土培植物呢？

找一找

图中都有谁离不开水？请把它们圈出来。

还有什么离不开水？

水是生命之源

小朋友，保护水资源，你能做些什么贡献呢？

水培技术一定要用清水吗？能不能用不同颜色的水？

一起试试看！

小小自然艺术家

将水用颜料配成
你喜欢的颜色

倒进花瓶

插入白色玫瑰

植物也太厉害了！在不同的水里能绽放不一样的美！

数字化美育实践基地

小朋友，你养的七彩玫瑰有多美呢？把照片上传到数字化美育实践基地，让大家一起欣赏吧！此外，还可以分享你的其他水培植物哦！

我的七彩玫瑰

我的水培植物

收纳小能手

学会收纳，享受整洁的美好生活

哇！美美，你的家整洁漂亮！怎么做到的？

我有秘密武器——收纳！一起试试吧。

你知道吗？像医生、老师一样，收纳师是一个专门的职业呢！医生负责给病人开药方，收纳师负责给乱糟糟的家居环境开"药方"。

我们也要自己动手，让周围变得干净有序！

衣服

书包

小朋友，你都需要收纳哪些物品呢？

发现美

对比下图中的衣柜，你喜欢住在整洁的家还是凌乱的家？为什么？

第一个衣柜又_____又_____，我觉得_____；

第二个衣柜又_____又_____，我觉得_____；

我家的衣柜又_____又_____，我觉得_____。

今天，我们就来学习让衣柜变得整洁的魔法——收纳。"收"是收集，"纳"是归纳、整理。

小调查

我们班会自己动手收纳物品的同学有_____个，还需要学习收纳物品的同学有_____个。

我们的家要以整洁为美，收纳有技巧哦！

1. 同色系的放一起。

2. 墙上空间用起来。

3. 相似功能放一起。

4. 用上盒子帮帮忙。

我们可以这样收纳衣服

收纳书包小妙招

小书包，勤整理，

大在下，小在上，

硬在下，软在上，

上层摆上文具盒，

零散物品单独放。

我的收纳小
妙招是……

我们可以这样收纳房间

我们可以这样收纳书架

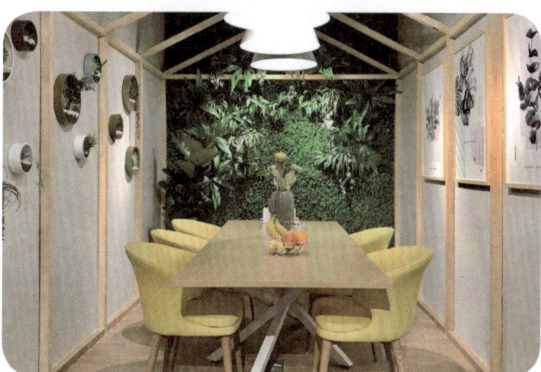

　　收纳后舒适的家，真漂亮啊！在这个过程中，你发现什么很美呢？

在收纳时，我发现
<u>劳动过程</u>很美！

在收纳时，我发现
＿＿＿＿＿＿很美！

在收纳时，我发现
＿＿＿＿＿＿很美！

弟子规（节选）

（清）李毓秀

冠必正，纽必结。

袜与履，俱紧切。

置冠服，有定位。

勿乱顿，致污秽。

衣贵洁，不贵华。

解读：帽子要端正，衣服扣子要扣好；袜子穿平整，鞋带系紧；脱下来的帽子和衣服应当放置在一个固定的地方；不能随便乱扔以免弄脏衣服；衣服重在整洁，而非华丽。我们要承袭中华传统美德，保持爱劳动、爱整洁的好习惯！

争当收纳小能手，让我们的生活更美好。在学校、社区、公园、商场等公共场所，我们发现了哪些需要收纳的地方？可以做些什么？在下面记一记哦！

地点	需要收纳的地方
学校	
社区	
公园	
商场	

创造美

看看教室，哪些地方需要收纳呢？一起动手，让我们的教室更加干净整洁！

这里需要收纳	我要和他/她一起收纳	我们要这样做	小小作品展示台

一起做吧

选择家中一个角落，和爸爸妈妈一起收纳，让我们的家也变得美丽整洁。完成后，把你的作品拍照和大家分享吧！

数字化美育实践基地

　　小朋友，快把你的收纳过程或者收纳小妙招拍成小视频，上传到数字化美育实践基地吧！让我们一起评一评，谁是班级的"收纳小明星"。

借助互联网，让更多人看到你的作品！

你还可以在其他社交平台上发布哦！

我的收纳小成果

有趣的童谣

品童谣之美，赏童趣节奏之妙

鹏鹏，你听过唐僧师徒四人西天取经的童谣吗？

唐僧骑马咚那个咚，
后面跟着个孙悟空。
孙悟空，跑得快，
后面跟着个猪八戒。
猪八戒，鼻子长，
后面跟着个沙和尚。
沙和尚，挑着箩，
后面跟着个老妖婆。
……

原来这首童谣是根据《西游记》改编的，可真有趣！

小朋友们，既然童谣如此有趣，我们来一场读童谣的比拼吧！

落雨大

（岭南童谣）

落雨大，水浸街。

阿哥担柴上街卖，

阿嫂出街着花鞋。

花鞋花袜花腰带，

珍珠蝴蝶两边排。

《落雨大》是岭南地区传唱度最高的一首童谣，这无疑是岭南地区文化的缩影之一！

氹氹转

（岭南童谣）

氹氹转，菊花园，

炒米饼，糯米团。

阿妈叫我睇龙船，

我唔睇，睇鸡仔。

注："氹氹转"是粤语中"团团转"的意思，童谣描写了五月初五端午节划龙舟的习俗。

一枝竹仔

（岭南童谣）

一枝竹仔会易折弯，

几枝竹一扎断节难。

心坚似毅勇敢，

团结方正有力量。

美美，读了这些童谣，我发现它们的内容包含天气、节日、哲理，还有浓浓的乡情。

通过朗读这些童谣，我发现它们的共同之处是……

朗朗上口

_____

_____

_____

我国的童谣不仅种类多，而且历史悠久，早在春秋战国时期，就有关于童谣的记载。

明日歌（节选）

（明）钱福

明日复明日，

明日何其多。

我生待明日，

万事成蹉跎。

美美，在朗读童谣的过程中，我发现每一首童谣都是按一定的节奏诵读的。

是呀！音乐课堂上我们也学习过许多节奏，尝试把节奏加入童谣，会有什么效果呢？

XX XX

X. X

X

X X

音乐节奏

汉字谣（节选）

傅建华

鹏鹏，你听，
汉字还有童谣呢！

汉字四四方，优美世无双。

甲骨铭千载，钟鼎刻辉煌。

竹简记春秋，绢帛录诗行。

电脑传信息，妙字组华章。

小朋友，让我们为这首《汉字谣》加上节奏，听听看，有什么不一样呢？

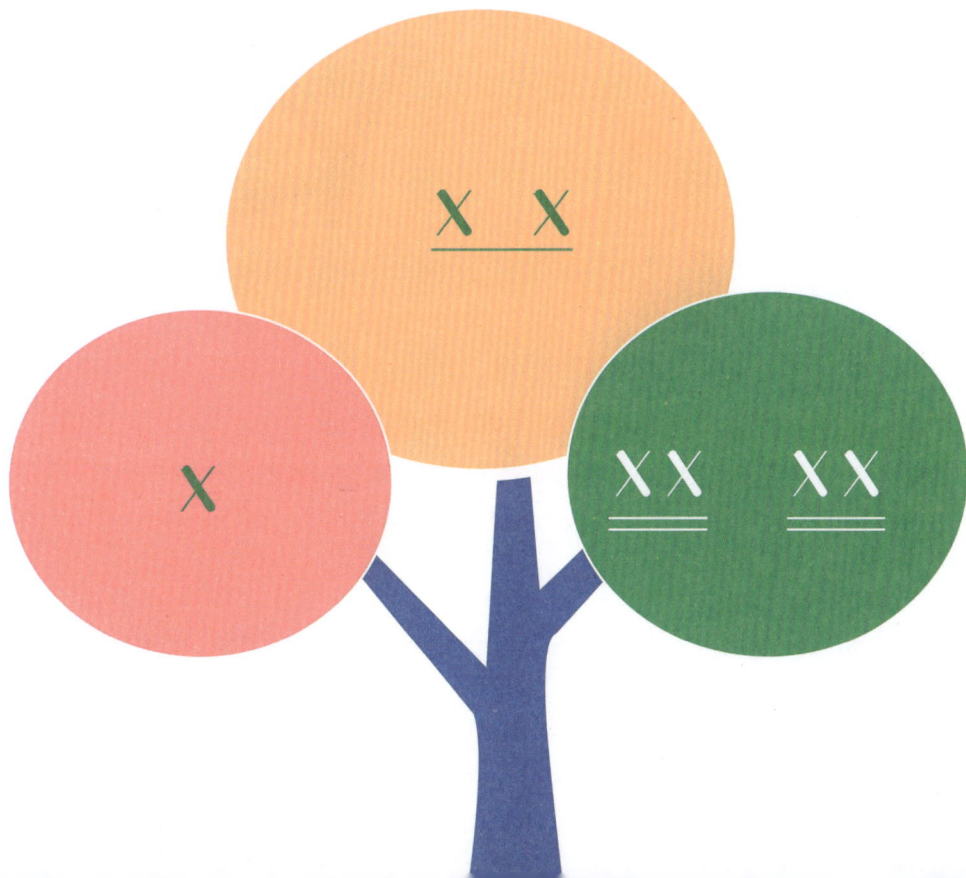

X X

X

XX XX

加入节奏会让童谣读起来更有韵律、更为顺口。

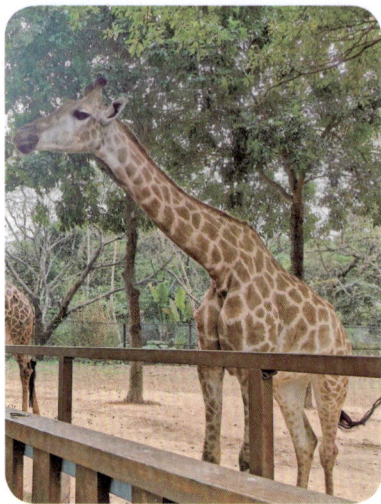

长颈鹿

张春明

```
×  ×   ×  |  ×  ×    ×|
长 颈 鹿，  长 颈 鹿，
×  ×  ×  ×|  ×  ×    ×|
脖 子 好 像  一 棵    树。
×  ×  ×  ×|  ×  ×    ×|
它 吃 树 叶  小 鸟   叫：
×  ×  ×  ×|  ×  ×   ×|
"有 棵 小 树  吃 大 树。"
```

小板凳

```
×  ×   ×  O |  ×  ×    ×  O|
小 板  凳，   你 别   歪，
×  ×   ×  ×|  ×  ×   ×  |
让 我  爷 爷  坐 下  来。
×  ×   ×  ×|  ×  ×   ×  |
我 帮  爷 爷  捶 捶  背，
×  ×   ×  ×|  ×  ×   ×  |
爷 爷  夸 我  好 乖  乖。
```

也可以选择一首童谣，再配上不同的节奏试一试。

在品读童谣的过程中，除了加入节奏，我们还可以加入身体律动，比如拍手读、跺脚读……

童谣润童心，文明助成长，童谣中洋溢着向上的力量。

惜食美

小水滴，一滴滴，汇成江河长千里。

小米粒，一粒粒，堆成粮堆高千米。

一滴水，一粒米，积少成多了不起。

小朋友，要牢记，一滴一粒要珍惜。

劳动美

八月里，桂花香。小蜜蜂，采花忙。

采了蜜儿甜又香，先给奶奶尝一尝。

童谣看似简单，却蕴含着许多道理和优秀品德，这也是需要我们关注学习的重点。你还发现了哪些？请你填一填。

勤劳		

大家真有创意！再来试试用小乐器给童谣伴奏，也可以让我们的表演更丰富哦！

响板

沙锤

双响筒

手铃鼓

选一首前面学过的童谣，和小朋友一起表演出来吧！可以加入前面提到的小乐器，试试看吧！

我的表演

数字化美育实践基地

美美，国内外都有各式各样的童谣，一起找找看。

好呀，鹏鹏！还可以将自己创作的童谣，以及带有自己家乡话的童谣上传至数字化美育实践基地，参加童谣创意大赛！

作品要求（可任选其一）：

1. 自己或和他人合作完成童谣表演，并拍摄视频。

2. 自主创编或改编一首童谣，并为其进行配图。

3. 寻找其他国家或地区的童谣，与大家分享。

我的童谣

缤纷万花筒

小小万花筒，缤纷大世界

鹏鹏，我给你出个谜语，你来猜猜是什么？

这可难不倒我，是万花筒！

谜语

小小圆筒好奇怪，

玻璃窗子对面开。

眼朝窗子往里看，

千朵万朵鲜花开。

一个小小的圆筒，当几面镜子相对放置时，镜子中的景象会经过多次反射。随着圆筒的转动，影像不断变换，就像花朵一样，美丽而神秘。

小朋友，你猜对了吗？

接下来，让我们走进万花筒的世界看一看吧！

01

发现美

万花筒里的
世界千变万化。

从筒眼看进去，眼前会出现一朵盛开的"花"。转动万花筒，里面的图案会发生变化。

说一说：转动万花筒，你有什么感受？

数一数：你看到了多少个不同的图案？

这些图案是从不同的万花筒中看见的，它们有什么相同的地方？

画一画：我在万花筒里看见了什么形状？

写一写：我在万花筒里看见了哪些颜色？

我看见了红色，还有……

感知美

仔细看，万花筒里图案是有规律的，而且是对称的。

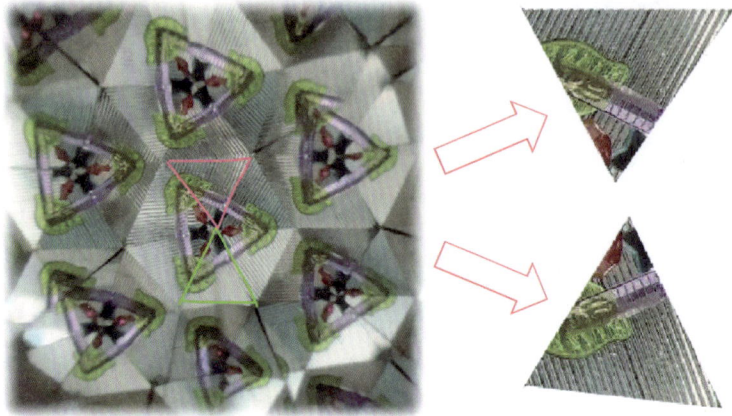

下面的拼图丢失了一块，注意观察图形和颜色，根据万花筒的对称规律，从①②③中找到它吧。

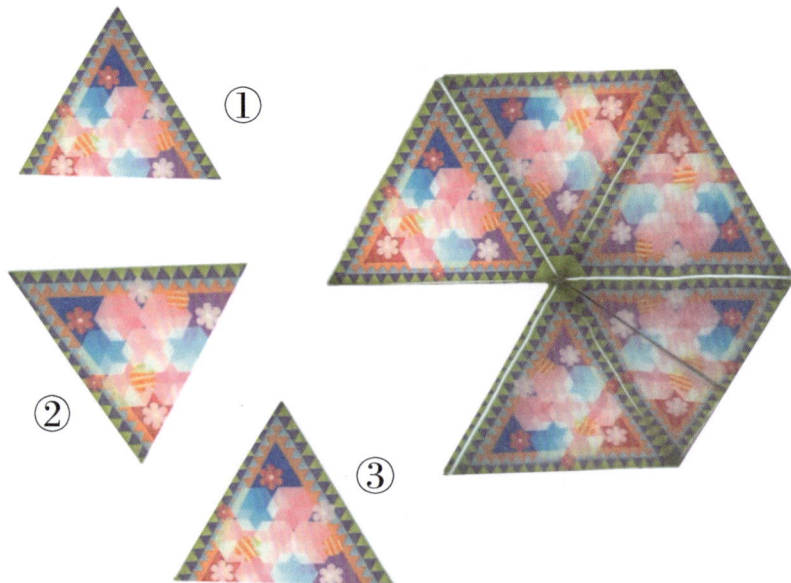

①

②

③

万花筒里美丽的图案
到底是从哪里来的呀？

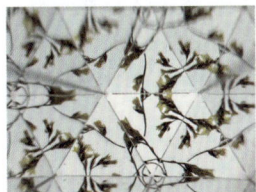

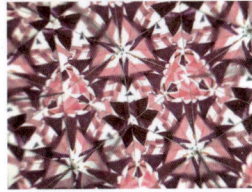

用干花瓣做筒芯

用彩色羽毛做筒芯

想一想：在日常生活中，还能找到哪些材料做"筒芯"？

我发现生活中有很多像万花筒的图案！

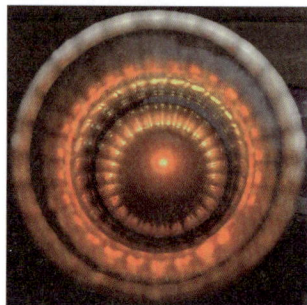

是的，我们还能在大自然中找到不少有趣的发现。

接下来，让我们和小伙伴们一起看一看，万花筒里缤纷多彩的世界是怎样形成的吧！

鹏鹏，你知道万花筒成像的原理吗？

万花筒通常由三棱镜、彩色碎片、观察孔这几个部分组成。

三棱镜

由三面玻璃镜子组成一个三棱结构，这是万花筒成像的核心部件。这些镜子以一定的角度相互倾斜，使得光线在镜子之间多次反射。

彩色碎片

在筒的一端放一些不同颜色的碎片，这些物体决定了最后成像的关键颜色和形状。

观察孔

在万花筒的另一端开设一个孔，让光线照进筒内，也方便人们从孔中观察筒内的图像。

自制万花筒

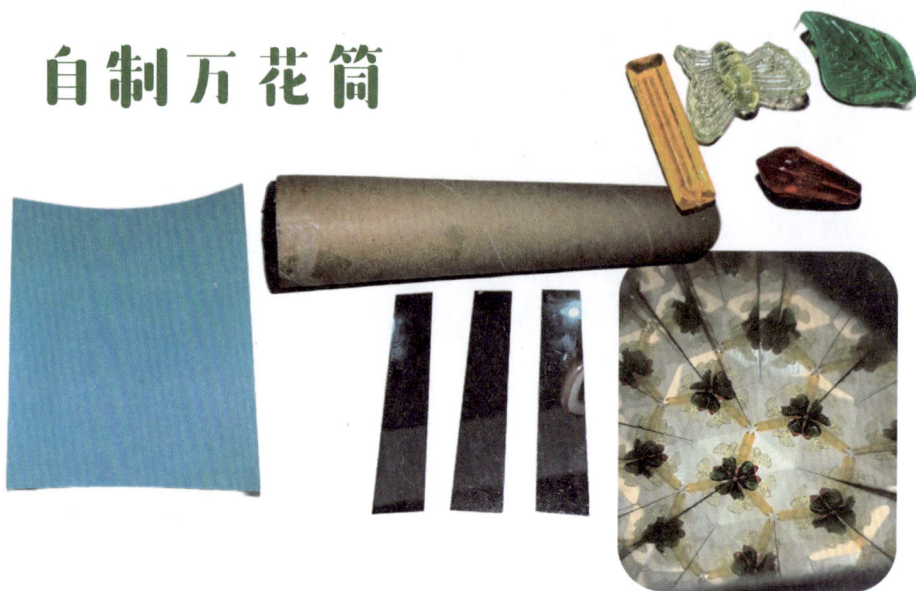

让我们用学到的知识来做一个万花筒吧！

操作步骤

1. 准备好材料：圆筒、彩纸、三面长方形镜子、彩色碎片、圆形纸筒盖、透明圆形筒盖。

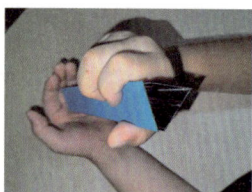

2. 固定好三面镜子。

3. 置入圆筒里。

4. 放入彩色配件。

5. 贴上圆形纸筒盖。

6. 将彩纸贴在筒身外装饰。

7. 万花筒制作完成。

数字化美育实践基地

数字化技术让我们看见世界，走向世界！

拍一拍你做的万花筒，并把它上传到数字化美育实践基地吧！

我的万花筒

中国数字科技馆（www.cdstm.cn）也有万花筒的资料哦！

一起搜索看看吧！

小朋友，你还找到了哪些万花筒的数字资料？一起分享吧！

后 记

在深圳市龙华区民治中学教育集团党委的引领下，这套"美育实践丛书"得以呈现，我们倍感自豪。本项目得益于广东省委宣传部原副部长顾作义先生和广西教育出版社原总编辑李人凡老师的悉心指导，凝聚了民治中学教育集团教师团队的智慧与汗水。项目始于2021年初，完成于2024年，旨在通过美育实践，培育学生的审美情感与创造力，实现以美育人、以美化人的目标。

在深圳市教育科学研究院的批准下，在深圳市龙华区教育局和教育科学研究院的指导和支持下，我们组建了以莫怀荣书记、校长为主持人的课题组，负责课程体系的构建与课程内容的开发研究。其中，莫校长负责全面统筹项目，张德芝校长和徐莉莉副校长负责人文美板块，戴蓉校长和辜珠元老师负责艺术美板块，何星校长和陈妍老师负责自然美板块，吴朝朋老师负责科技美板块，彭智勇校长和郭金保老师则负责手绘插画设计的统筹和推进工作。

在编写过程中，方日华老师担任丛书第一册组长，朱凌、张继元老师担任副组长，共同肩负课程内容研讨与书稿审读的重任，朱凌老师后期还兼任了一段时间的组长，负责该册书最后出版准备工作的对接。各课的编写分工如下：朱凌老师《水果变身记》、张继元老师《大树的手掌》、邓乐园老师《得闲早饮茶》《收纳小能手》、陈昕阳老师《绚丽簕杜鹃》、何珊老师《神奇的水培》、王一晴老师《有趣的童谣》、刘恋老师《缤纷万花筒》。陈俞含老师则负责整册书的手绘插画，为全书增添了形象、生动的韵味。

"美育实践丛书"不仅是民治中学教育集团美育实践课题研究的丰硕成果，更是我们对美育深刻理解和创新实践的生动展现。我们期待这套丛书能够为学生提供丰富多彩的美育体验，激发他们的创造力和审美能力，引领他们在美的海洋中遨游，发现自我，启迪智慧，滋养身心。

　　在"美育实践丛书"即将与广大师生见面之际，我们满怀感激之情。回首将近3年的研究和编写工作，我们收获了太多的感动。感动于我们这个团队在美育课程体系建设和课程开发研究道路上的执着追求和不断探索；感动于和我们并肩前行、可亲可敬的两位专家对整个项目的策划和丛书撰写提供反复、深入的指导；感动于暨南大学出版社阳翼社长和周玉宏、武艳飞主任，以及编辑老师们在书稿编辑过程中给予的耐心、细致的帮助。因编写需要，丛书大部分图片由视觉中国授权使用，其他图片由潘洁玉、武艳飞、刘蓓等提供。书中个别未联系到的图片作者请与出版社联系，以便支付薄酬，在此一并表示感谢。

　　我们坚信，美育不仅能够提升学生的审美情感和创造力，更是培养学生全面发展的重要途径。未来，我们将一如既往、继续努力，为教育界的同行提供更多有价值的经验和启示，共同推动新时代美育事业的发展。我们也清醒地认识到，由于我们的研究水平和实践能力有限，本套丛书还存在不足之处，有待进一步完善。因此，我们真诚地希望全国各地的教育工作者和读者在实际应用这套丛书的过程中，能够及时向我们反馈使用体验，提供宝贵的意见和建议，以便我们不断改进和完善，更好地服务于新时代学校美育实践的需要。

深圳市龙华区民治中学教育集团

2024 年 8 月

83